школа - ụlọ akwụkwọ	2
подорож - njem	5
транспорт - njem	8
місто - obodo	10
ландшафт - odida obodo	14
ресторан - ụlọ oriri na ọnụnụ	17
супермаркет - ụlọ ahịa	20
напої - ihe ọnụnụ	22
їжа - nri	23
ферма - ugbo	27
дім - ụlọ	31
вітальня - ime ụlọ ezumike	33
кухня - usekwu	35
ванна кімната - ụlọ ịsa ahụ	38
дитяча кімната - ụlọ nwa	42
одяг - uwe	44
офіс - ụlọ ọrụ	49
економіка - akụnụba	51
професії - aka ọrụ	53
інструменти - ngwaọrụ	56
музичні інструменти - ngwa egwu	57
зоопарк - zuu	59
спорт - egwuregwu	62
дії - ihe omume	63
сім'я - ezinụlọ	67
тіло - ahụ	68
лікарня - ụlọ ọgwụ	72
аварійний випадок - mberede	76
Земля - Ụwa	77
годинник - elekere	79
тиждень - izu	80
рік - afọ	81
форми - ụdị	83
фарби - na agba	84
протилежності - mmegide	85
числа - nọmba	88
мови - asụsụ	90
хто / що / як - onye / ihe / olee	91
де - ebee	92

Impressum
Verlag: BABADADA GmbH, Nedderfeld 112 , 22529 Hamburg
Geschäftsführer / Verlagsleitung: Harald Hof
Druck: Books on Demand GmbH, In de Tarpen 42, 22848 Norderstedt

Imprint
Publisher: BABADADA GmbH, Nedderfeld 112 , 22529 Hamburg, Germany
Managing Director / Publishing direction: Harald Hof
Print: Books on Demand GmbH, In de Tarpen 42, 22848 Norderstedt, Germany

школа
ụlọ akwụkwọ

- ділити — nkewa
- дошка — obosara
- класна кімната — n'ime ụlọ akwụkwọ
- шкільний двір — ogige ụlọ akwụkwọ
- вчитель — onye nkuzi
- папір — akwukwo
- писати — dee
- ручка — mkpịsị ode akwụkwọ
- письмовий стіл — tebụl
- лінійка — ngwaoru eji atu ihe osise
- книга — akwụkwọ
- учень — nwa akwụkwọ

ранець
akpa

пенал
akpa pensụl

олівець
pensụl

точило
nkọ pensụl

гумка
rọba

альбом для малювання
obosara ihe osise

школа - ụlọ akwụkwọ

малюнок
ihe osise

пензель
ahịhịa agba

коробка фарб
igbe agba

ножиці
mkpa

клей
mmapa

зошит
akwụkwọ mmega

домашнє завдання
ọrụ omume ulo

число
nọmba

додавати
tinye

віднімати
wepụ

множити
ba uba

рахувати
gbakọọ

літера
ozi

абетка
abiichii

слово
okwu

школа - ụlọ akwụkwọ

текст
ederede

читати
guọ

крейда
nzu

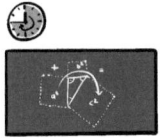

година
ihe mmụta

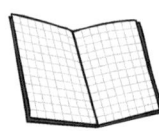

класний журнал
deba aha

екзамен
ule

диплом
asambodo

шкільна форма
uwe ụlọ akwụkwọ

освіта
agumakwukwo

лексикон
akwụkwọ nkà ihe ọmụma

університет
mahadum

мікроскоп
mikroskopu

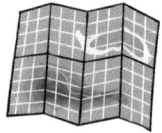

карта
maapụ

кошик для паперу
nkata-ahihia

школа - ụlọ akwụkwọ

подорож
njem

готель
nkwari akụ

турбаза
ụlọ mbikọ

обмінний пункт
ebe mgbanwe ego

валіза
akpa akwa

автомобіль
ụgbọ ala

мова
asụsụ

так / ні
ee / mba

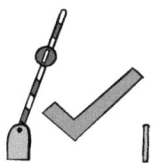

добре
Ọdịkwa mma

привіт
nnọọ

перекладач
onye ntughari

дякую
Daalụ

Скільки коштує …?
ego ole bụ…?

Я не розумію
Aghọtaghị m

проблема
nsogbu

Добрий вечір!
Mgbede ọma!

Доброго ранку!
Ụtụtụ ọma!

На добраніч!
Ka chifoo!

До побачення
ka ọ dị

напрямок
ntụziaka

багаж
ibu

сумка
akpa

рюкзак
akpa azu

гість
ọbịa

кімната
ime ụlọ

спальний мішок
akpa ụra

намет
ụlọikwuu

туристична інформація
ozi njem nleta

пляж
osimiri

кредитна картка
kaadị akwụmụgwọ

сніданок
nri ụtụtụ

обід
nri ehihie

вечеря
nri abalị

квиток
tiketi

ліфт
mbuli

поштова марка
stampụ

межа
ókè

митниця
ndị kọstọm

посольство
ụlọ ọrụ nnọchite anya obodo

віза
visa

паспорт
paspọtụ

транспорт
njem

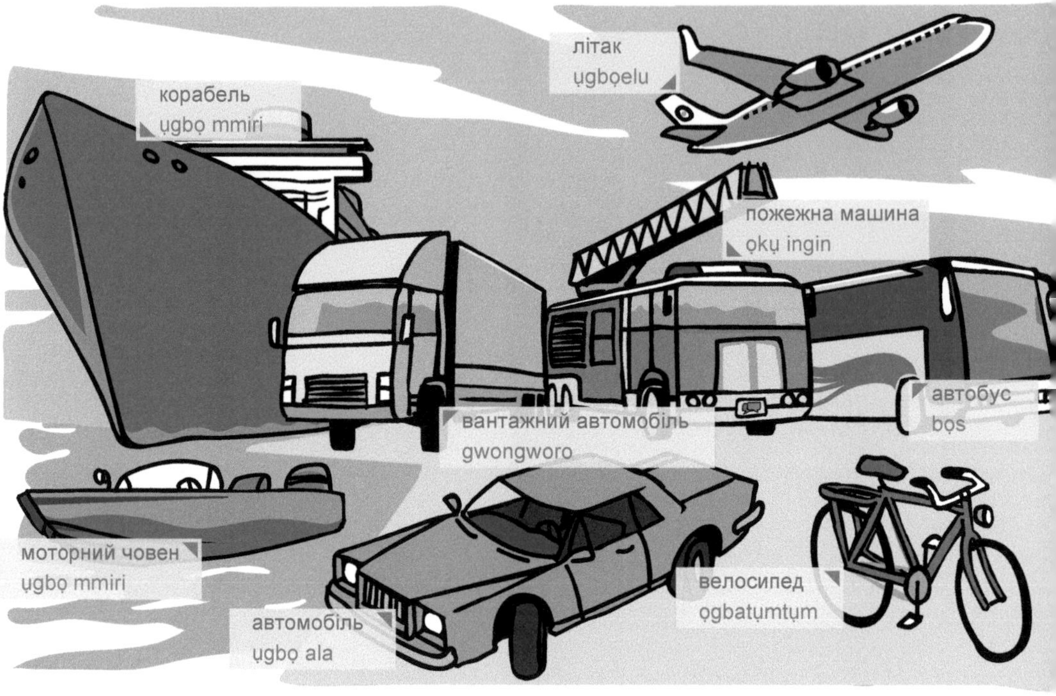

- літак — ụgbọelu
- корабель — ụgbọ mmiri
- пожежна машина — ọkụ ingin
- автобус — bọs
- вантажний автомобіль — gwongworo
- моторний човен — ụgbọ mmiri
- велосипед — ọgbatụmtụm
- автомобіль — ụgbọ ala

пором
ugbo

човен
ụgbọ mmiri

мотоцикл
ọgba tum tum

поліцейська машина
ụgbọ ala uwe ojii

гоночний автомобіль
ụgbọ ala na-agba ọsọ

автомобіль на прокат
ụgbọ ala mgbazinye

ільне користування авто	евакуатор	сміттєвоз
nkekọrịta ụgbọ ala	gwongworo	ụgbọala ntufu ahihia

двигун	паливо	автозаправна станція
moto	mmanụ ụgbọala	ebe ana ere mmanu

 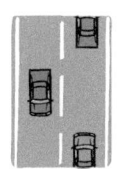 

дорожній знак	рух	затор
akara okporo ụzọ	okporo ụzọ	mkpọchị okporo ụzọ

 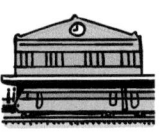 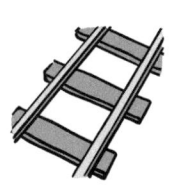

стоянка	вокзал	рейки
odu ụgbọ ala	ọdụ ụgbọ oloko	ụzọ

 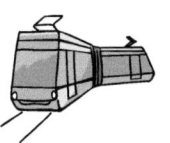 

потяг	трамвай	вагон
ụgbọ oloko	ụgbọ oloko	ajụjụ

транспорт - njem

гелікоптер
helikopta

аеропорт
ọdụ ụgbọ elu

вежа
ụlọ elu

пасажир
onye njem

контейнер
akpa

коробка
katọn

візок
ụgbọ ibu

кошик
nkata

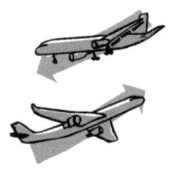

стартувати / приземлятися
gbapụ / ala

місто
obodo

село
obodo

центр міста
etiti obodo

дім
ụlọ

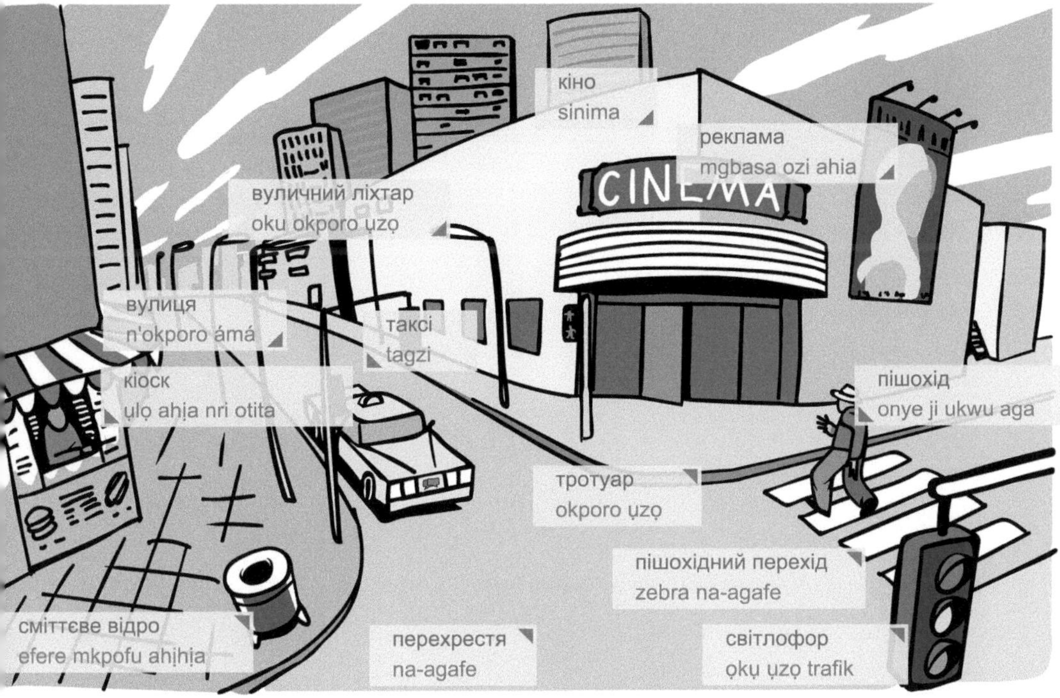

кіно
sinima

реклама
mgbasa ozi ahia

вуличний ліхтар
oku okporo uzọ

вулиця
n'okporo ámá

таксі
tagzi

пішохід
onye ji ukwu aga

кіоск
ụlọ ahịa nri otita

тротуар
okporo ụzọ

пішохідний перехід
zebra na-agafe

сміттєве відро
efere mkpofu ahịhịa

перехрестя
na-agafe

світлофор
ọkụ ụzọ trafik

хатина
obi

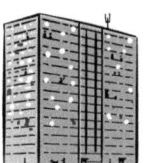

квартира
ohiha

вокзал
ọdụ ụgbọ oloko

ратуша
nnukwu ọnụ ụlọ obodo

музей
ihe ngosi nka

школа
ụlọ akwụkwọ

місто - obodo

університет

mahadum

банк

ụlọ akụ

лікарня

ụlọ ọgwụ

готель

nkwari akụ

аптека

ahịa ọgwụ

офіс

ụlọ ọrụ

книжковий магазин

ụlọ ahịa akwụkwọ

магазин

ụlọ ahịa

квітковий магазин

onye ore fulawa

супермаркет

ụlọ ahịa

ринок

ahịa

універмаг

ngalaba ụlọ ahịa

торговець рибою

onye azu

торговельний центр

ụlọ ahịa

гавань

ọdụ ụgbọ mmiri

місто - obodo

парк
ogige

лава
oche

міст
akwa ngafe

сходи
steepụ

метро
n'okpuruala

тунель
ọwara

автобусна зупинка
ebe bọs na-akwụsị

бар
ụlọ mmanya

ресторан
ụlọ oriri na ọnụnụ

поштова скринька
igbe akwụkwọ ozi

вулична табличка
akara okporo ụzọ

лічильник паркування
igwe nnara ego ndọba ụgbọala

зоопарк
zuu

басейн
ebe igwu mmiri

мечеть
ụlọ alakụba

місто - obodo

ферма
ugbo

забруднення навколишнього середовища
mmetọ

кладовище
ili

церква
ụlọ ụka

дитячий майданчик
ama egwuregwu

храм
ụlọnsọ

ландшафт
odida obodo

листок
akwụkwọ nri

вказівний стовп
akara

шлях
ụzọ

луг
ahịhịa

камінь
nkume

дерево
osisi

мандрівник
onye njem

річка
osimiri

трава
ahịhịa

квітка
ifuru

долина
ndagwurugwu

гора
ugwu

озеро
ọdọ mmiri

ліс
ọhịa

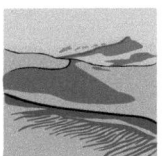

пустеля
ọzara

вулкан
ugwu mgbawa

замок
nnukwu ụlọ

веселка
eke mmiri

гриб
ero

пальма
nkwụ

комар
anwụnta

муха
ofufe

мурашка
agbeshi

бджола
aṅụ

павук
ududo

жук
ahụhụ

жаба
awọ

вивірка
osa

їжак
oke ọhịa

заєць
oke oyibo

сова
ikwiikwii

птах
nnụnụ

лебідь
Agbanye

кабан
ezi ọhịa

олень
mgbada

лось
anụ ọhịa

гребля
ihe mgbochi mmiri

вітряк
ikuku igwe

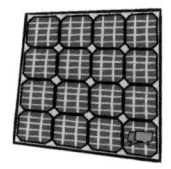

сонячний модуль
igwe anwụ

клімат
ihu igwe

ландшафт - odida obodo

ресторан
ụlọ oriri na ọnụnụ

офіціант
onye na-ebu nri

меню
ndeputa nri

стілець
oche

суп
ofe

піца
pizza

столові прилади
ngaji na nma

скатертина
ákwà tebụl

закуска
mbịdo

друга страва
isi nri

десерт
mmeju nri

напої
ihe ọnụnụ

їжа
nri

пляшка
karama

фаст-фуд
nri ngwa ngwa

вулична їжа
nri n'okporo ámá

чайник
ketulu tii

цукорниця
nnukwu efere shuga

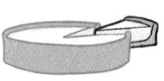
порція
òkè

еспресо-машина
igwe kofi

високий стільчик
oche dị elu

рахунок
ụgwọ

піднос
efere obosara

ніж
nma

вилка
ndụdụ

ложка
ngaji

чайна ложка
ngaji tii

серветка
akwụkwọ oche

склянка
iko

ресторан - ụlọ oriri na ọnụnụ

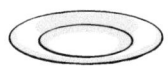
тарілка
efere

тарілка для супу
efere ofe

блюдце
efere ihendori

соус
ihendori

солонка
ite nnu

млин для перцю
igwe ose

оцет
mmanya gbara ụka

масло
mmanụ

спеції
ngwa nri

кетчуп
ihe ndori

гірчиця
mọstad

майонез
mayonezi

ресторан - ụlọ oriri na ọnụnụ

супермаркет

ụlọ ahịa

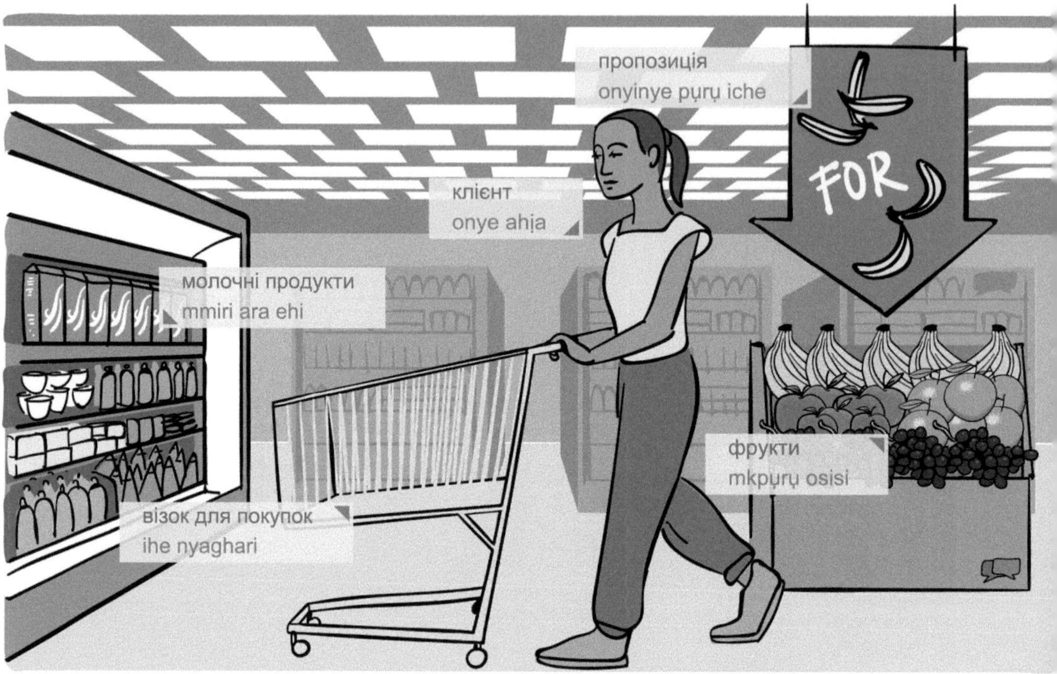

пропозиція
onyinye pụrụ iche
FOR
клієнт
onye ahịa
молочні продукти
mmiri ara ehi
фрукти
mkpụrụ osisi
візок для покупок
ihe nyaghari

BUTCHERS

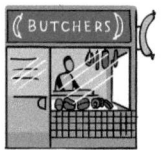

м'ясний магазин

igbu anụ

BAKERY

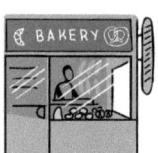

пекарня

onye ome achịcha

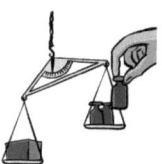

зважувати

tụọ

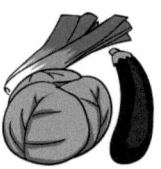

овочі

akwụkwọ nri

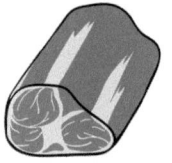

м'ясо

anụ

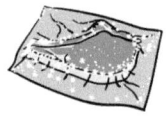

заморожені продукти

nri oyi kpọnwụrụ

ковбасна нарізка
anụ oyi

консерви
nri komkom

пральний порошок
ntụ ọsịsa

солодощі
ihe ụtọ

предмети домашнього побуту
ngwaahịa ụlọ

мийний засіб
ngwaahịa nhicha

продавщиця
onye n'ere ahịa

каса
rue

касир
onye okwu ugwo

список покупок
ndepụta izụ ahịa

часи роботи
awa mmepe

гаманець
obere akpa

кредитна картка
kaadị akwụmụgwọ

сумка
akpa

поліетиленовий пакет
akpa rọba

супермаркет - ụlọ ahịa

напої
ihe ọṅụṅụ

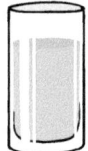

вода

mmiri

сік

ihe ọṅụọṅụ

молоко

mmiri ara

кола

mmanya otobiri kooku

вино

mmanya

пиво

biya

алкоголь

mmanya na egbu egbu

какао

koko

чай

tii

кава

kọfị

еспресо

kofi

капучіно

cappuccino

їжа

nri

банан
unere

яблуко
apụl

апельсин
oroma

кавун
egwusi

лимон
oroma nkịrịsị

морква
karọt

часник
galiki

бамбук
achara

цибуля
yabasị

гриб
ero

горішки
akụ

локшина
nri eriri

спагеті	рис	салат
spaghetti	osikapa	nri ahihia

картопля фрі	смажена картопля	піца
ibe	nduku eghere eghe	pizza

гамбургер	бутерброд	шніцель
achicha	sanwichi	anụ

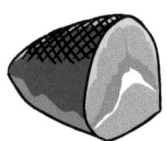

шинка	салямі	ковбаса
apata ụkwụ ezi	salami	sọseeji

курка	печеня	риба
ọkụkọ	ihunuoku	azụ

їжа - nri

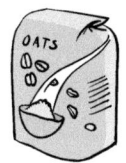
вівсяні пластівці
nri ọka

мюслі
nri ututu

кукурудзяні пластівці
ọka

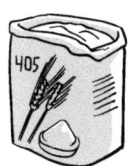
борошно
ntụ ọka

круасан
achicha

булочка
mpiakọta achicha

хліб
achicha

тостовий хліб
tost

печиво
biskit

масло
bọta

сир
achicha

пиріг
achicha

яйце
akwa

яєчня
akwa eghere eghe

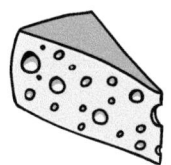
сир
chiiz

їжа - nri

морозиво	цукор	мед
ihe nracha	shuga	mmanụ aṅụ

мармелад	нуга-крем	карі
jam	gbasaa shuga	kọrị

їжа - nri

ферма
ugbo

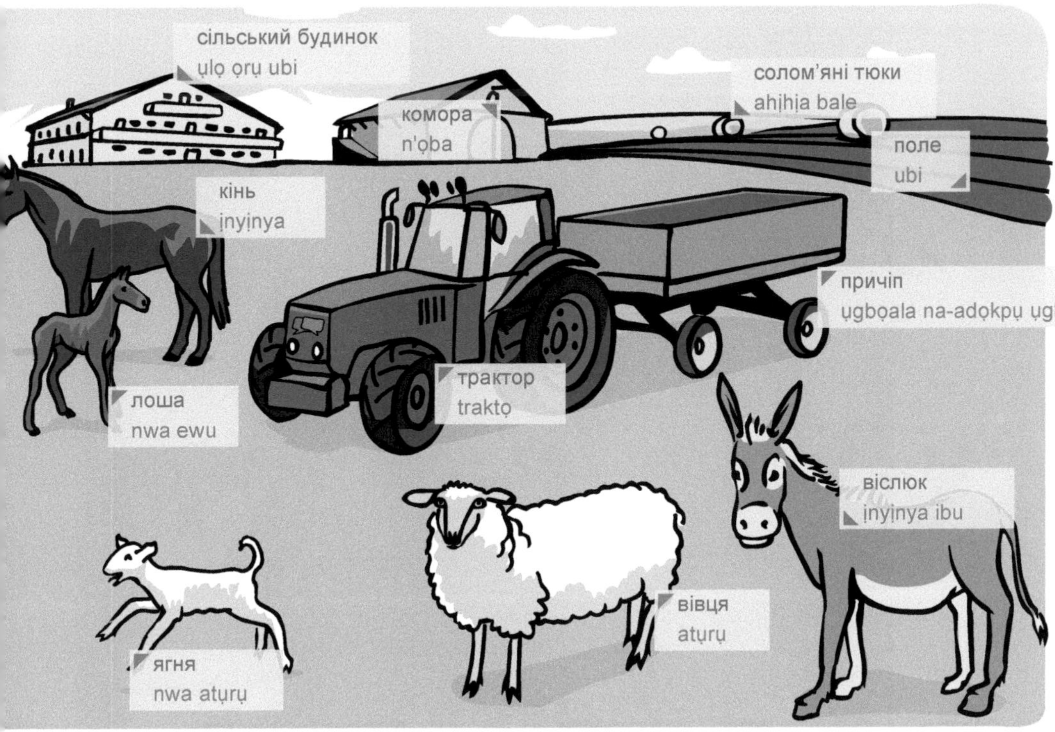

сільський будинок
ụlọ ọrụ ubi

солом'яні тюки
ahịhịa bale

комора
n'ọba

поле
ubi

кінь
ịnyịnya

причіп
ụgbọala na-adọkpụ ụgbọ

лоша
nwa ewu

трактор
traktọ

віслюк
ịnyịnya ibu

ягня
nwa atụrụ

вівця
atụrụ

коза

mkpi

корова

ehi

теля

nwa ehi

свиня

ezi

порося

nwa ezi

бик

ehi

ферма - ugbo

гусак
ọgazị

качка
odoguma

курча
nwa okuko

курка
nne okuko

півень
oke ọkpa

щур
oke

кіт
pusi

миша
oke

віл
ehi

собака
nkịta

собача будка
nkịta ụlọ

садовий шланг
paipu nhicha ogige

лійка
iko mgbara mmiri

коса
scythe

плуг
ịkọ

ферма - ugbo

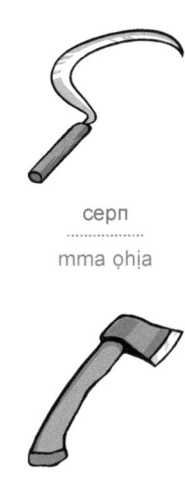
серп
mma ọhịa

мотика
ogu

вила
fọk ahihia

сокира
anyu-ike

тачка
wiilbaro

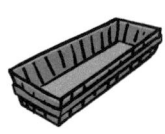
корито
ubi

бідон молока
komkom mmiri ara ehi

мішок
akpa

паркан
ngere

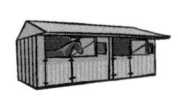
хлів
ụlọanụ

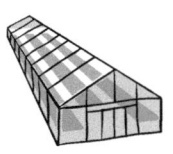
теплиця
ulo glaasi

ґрунт
ala

насіння
mkpụrụ

добриво
fatịlaịza

комбайн
njikọta ihe ubi

ферма - ugbo

пожинати

owuwe ihe ubi

урожай

owuwe ihe ubi

корінь ямсу

ji

пшениця

ọka wit

соя

soya

картопля

nduku

кукурудза

ọka

ріпак

mkpụrụ osisi

плодове дерево

osisi mkpụrụ osisi

маніок

akpu

злаки

nri ọka

ферма - ugbo

дім
ụlọ

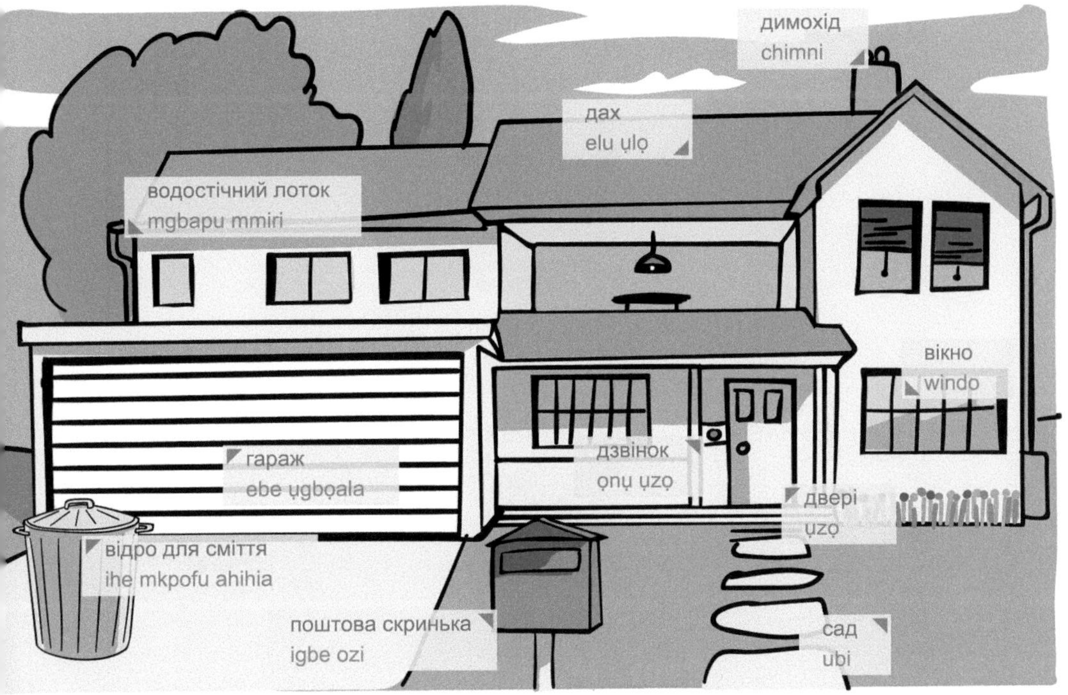

- димохід — chimni
- дах — elu ụlọ
- водостічний лоток — mgbapu mmiri
- вікно — windo
- гараж — ebe ụgbọala
- дзвінок — ọnụ ụzọ
- двері — ụzọ
- відро для сміття — ihe mkpofu ahihia
- поштова скринька — igbe ozi
- сад — ubi

вітальня
ime ụlọ ezumike

ванна кімната
ụlọ ịsa ahụ

кухня
usekwu

спальня
ime ụlọ

дитяча кімната
ụlọ nwa

їдальня
ime ụlọ erimeri

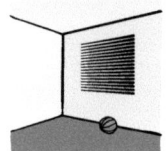

підлога
ala

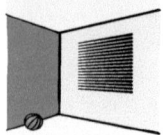

стіна
mgbidi

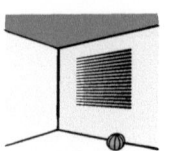

стеля
uko ụlọ

підвал
okpuru ụlọ

сауна
sawụna

балкон
ihu mbara

тераса
mbara ihu ulo

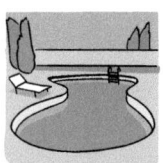

басейн
ọdọ mmiri

косарка
igwe eji asụ ahịhịa

простирало
mpempe akwụkwọ

ковдра
ihe ndina akwa

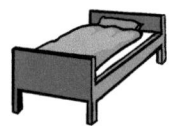

ліжко
akwa ndina

мітла
aziza

відро
bọket

перемикач
mgba ọkụ

дім - ụlọ

вітальня
ime ụlọ ezumike

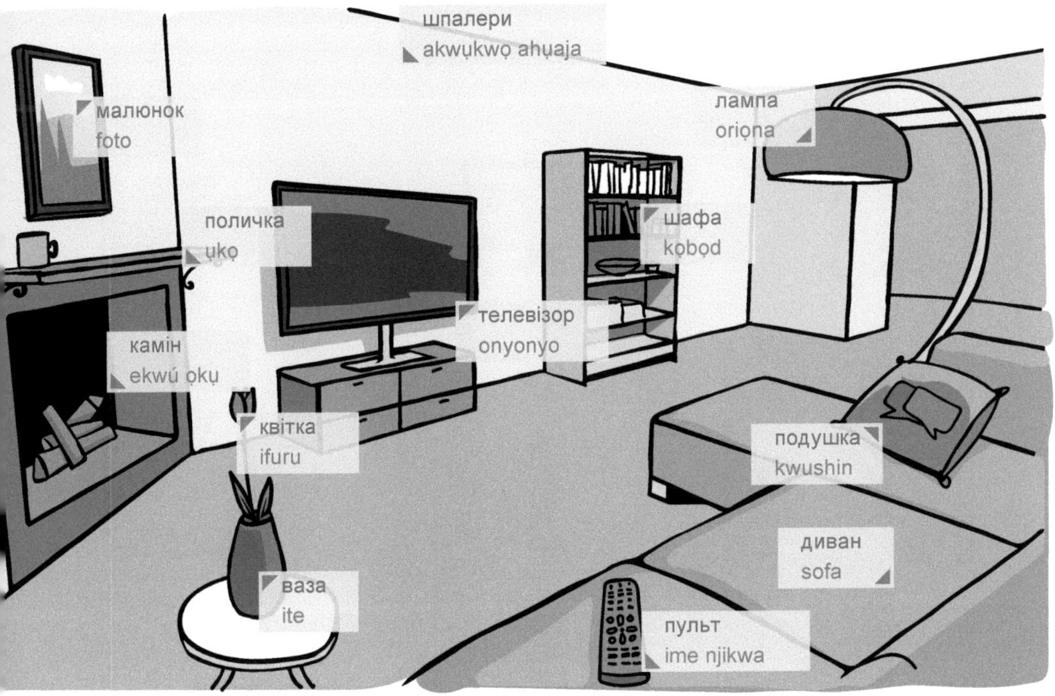

- шпалери — akwụkwọ ahụaja
- малюнок — foto
- лампа — oriọna
- поличка — ụkọ
- шафа — kọbọd
- камін — ekwú ọkụ
- телевізор — onyonyo
- квітка — ifuru
- подушка — kwushin
- ваза — ite
- диван — sofa
- пульт — ime njikwa

килим
kapeeti

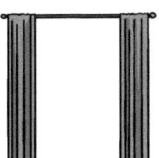

завіса
ákwà mgbochi

стіл
tebụl

стілець
oche

крісло-гойдалка
mkpatụ oche

крісло
oche

книга
akwụkwọ

ковдра
akwa mkpuchi

прикраса
ihe ochicho mma

дрова
nkụ

фільм
ihe nkiri

стереосистема
ngwa hi-fi

ключ
igodo

газета
akwụkwọ akụkọ

картина
eserese

плакат
posta

радіо
redio

блокнот
akwụkwọ ozi

пилосос
igwe nhicha ala

кактус
kaktus

свічка
kandụl

вітальня - ime ụlọ ezumike

кухня
usekwu

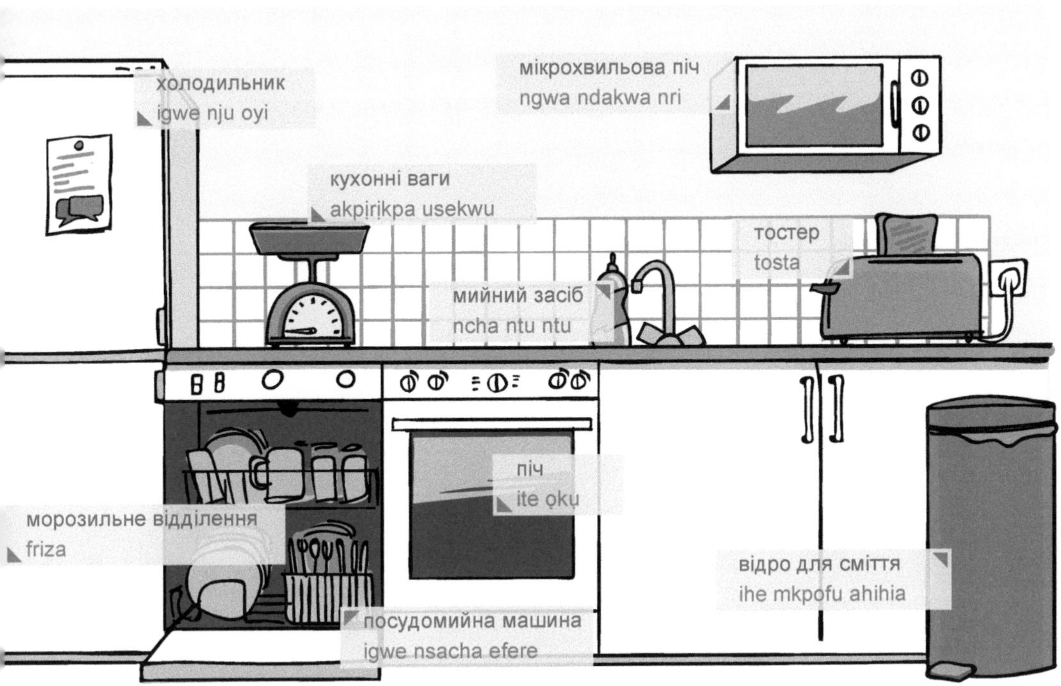

холодильник
igwe nju oyi

мікрохвильова піч
ngwa ndakwa nri

кухонні ваги
akpịrịkpa usekwu

тостер
tosta

мийний засіб
ncha ntu ntu

піч
ite oku

морозильне відділення
friza

відро для сміття
ihe mkpofu ahihia

посудомийна машина
igwe nsacha efere

плита

osi ite

горщик

ite

чавунний горщик

ite-igwe

вок / кадай

wok / kadai

сковорода

ite mmanụ ọkụ

чайник

ketulu

пароварка
ụzọkụ

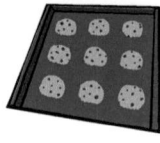
лист
efere nri

посуд
ite mmiri

кухоль
iko

чаша
nnukwu efere

палички для їжі
osisi

черпак
ngazi

лопатка
ngazi mmanụ ọkụ

вінчик для збивання
ntụgharị

сито
nje

сито
nyọ

терка
nkwọ

ступка
ikwe

барбекю
anụ mmịkpọ

багаття
imeghe oku

кухня - usekwu

дошка
boọdụ ncha ihe

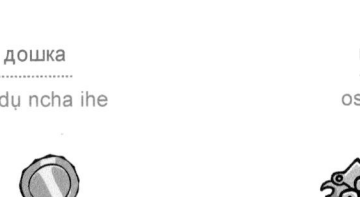
качалка
osisi mgbati

штопор
ihe mmeghe mmanya

конзерва
komkom

відкривачка
ihe mmeghe komkom

прихватки
ite njide

раковина
efere nsacha

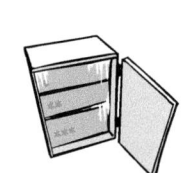
щітка
ihe nsa eze

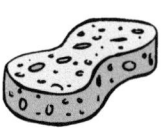
губка
ogbo

міксер
nkwori

морозильна камера
friza

дитяча пляшка
karama nwa

кран
mkpọrụ mmiri

кухня - usekwu

ванна кімната
ụlọ ịsa ahụ

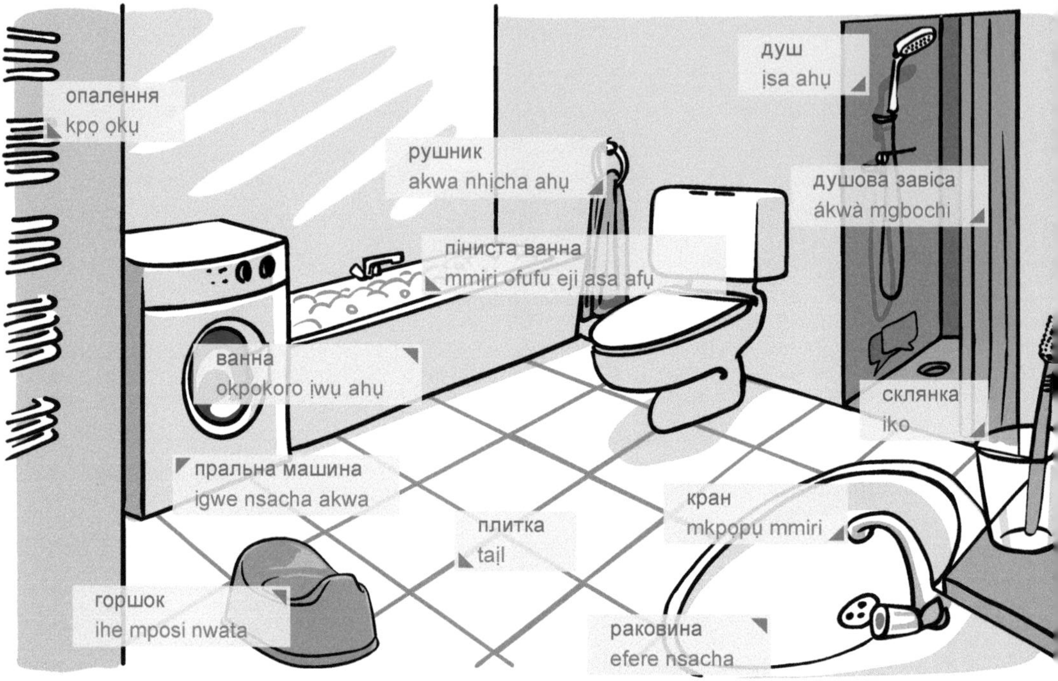

- душ / ịsa ahụ
- опалення / kpọ okụ
- рушник / akwa nhịcha ahụ
- душова завіса / ákwà mgbochi
- пініста ванна / mmiri ofufu eji asa afụ
- ванна / okpokoro iwụ ahụ
- склянка / iko
- пральна машина / igwe nsacha akwa
- кран / mkpọrụ mmiri
- плитка / tail
- горшок / ihe mposi nwata
- раковина / efere nsacha

туалет
ụlọ mposi

підлоговий туалет
mposi squat

біде
basin eji asa ebe nzuzo ahu

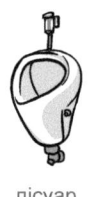

пісуар
ebe inyu mmamịrị oha

туалетний папір
akwụkwọ mposi

щітка для туалету
ahihia ụlọ mposi

зубна щітка
brọsh

зубна паста
ihe nhicha eze

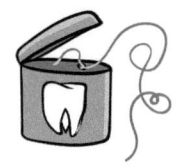

нитка для чищення зубів
nhicha eze

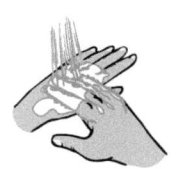

мити
saa

ручний душ
ịsa aka

інтимний душ
isa mmiri showa

таз
nnukwu efere nsacha

щітка для спини
agba ahịhịa eji ete penti

мило
ncha

гель для душу
ncha mmiri nsa ahu

шампунь
ncha ntutu

мочалка
uwe ajiajuru

водостік
mgbapu mmiri

крем
ude

дезодорант
senti

ванна кімната - ụlọ ịsa ahụ

дзеркало

enyo

косметичне дзеркало

enyo aka

бритва

rezo

піна для гоління

ụfụfụ ịkpụ afụ

лосьйон після гоління

mgbe emechara aji

гребінь

mbo

щітка

ahịhịa

фен

okponku ntutu

лак для волосся

Ihe mmiri ana agba na isi

косметика

ntecha

губна помада

mmanụ ọnụ

лак для нігтів

ntecha mbọ aka

вата

owu

ножиці для нігтів

mkpa mbọ aka

парфум

senti

ванна кімната - ụlọ ịsa ahụ

косметичка
akpa uwe

табурет
oche

ваги
erikpu

халат
akwa towelu

гумові рукавички
gloovu roba

тампон
ihe mkpuchi obara ogbugbua

гігієнічні прокладки
ihe mkpuchi nso nwanyi

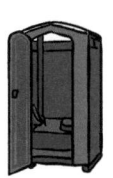
біотуалет
ụlọ mposi

ванна кімната - ụlọ ịsa ahụ

дитяча кімната
ụlọ nwa

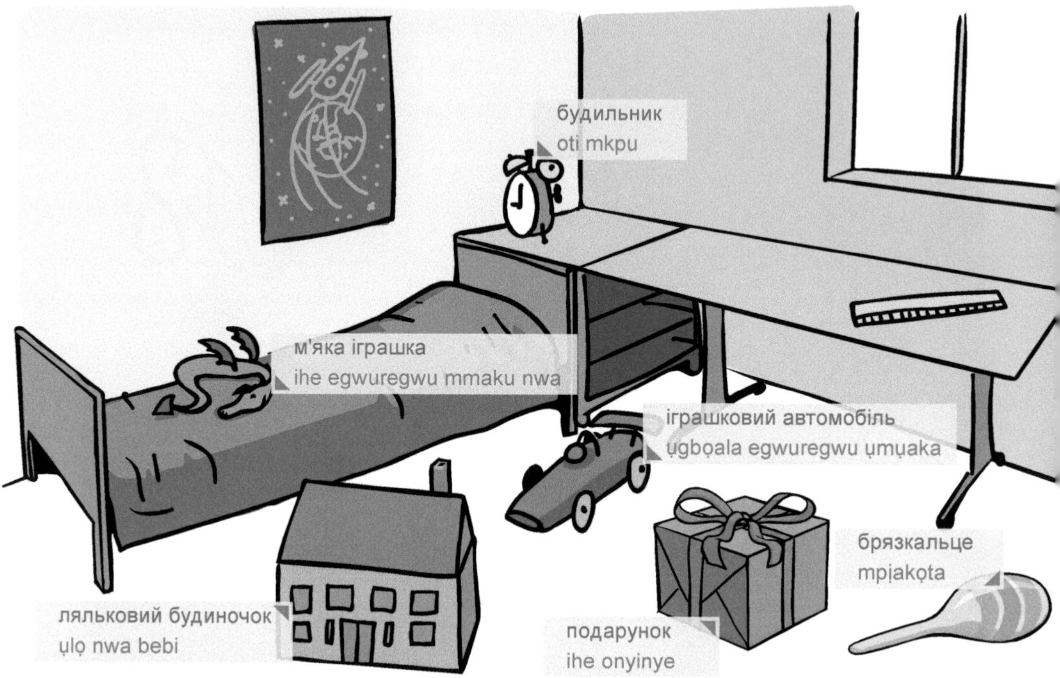

будильник
oti mkpu

м'яка іграшка
ihe egwuregwu mmaku nwa

іграшковий автомобіль
ugboala egwuregwu ụmụaka

брязкальце
mpiakọta

ляльковий будиночок
ụlọ nwa bebi

подарунок
ihe onyinye

повітряна кулька

balun

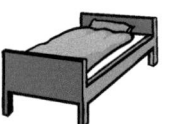

ліжко

akwa ndina

дитячий візок

ihe obu nwa

картярська гра

oche kaadị

пазл

egwuregwu mgbagwoju anya

комікс

na-atọ ọchị

лего цеглинки
lego brik

блоки
ihe owuwu ụlọ

іграшкова фігурка
ihe ngosi ogụ

повзунки
utonwa

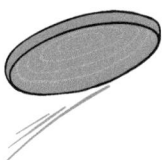

фризбі
ihe egwuregwu diski na efe efe

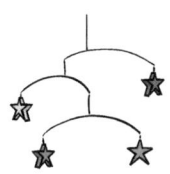

мобіле
mbughari

настільна гра
bọọdụ egwuregwu

кубик
dais

модель залізнична станція
nlereanya ụgbọ okporo ígwè

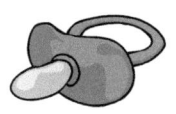

соска
ihe oyiri mmadu eji egosi akwa

вечірка
otu

книжка з картинками
akwụkwọ foto

м'яч
bọọlụ

лялька
nwa bebi

грати
kpọọ

дитяча кімната - ụlọ nwa

пісочниця
olulu aja

гойдалка
janglova

іграшка
ihe egwuregwu gasi

гральна консоль
ihe egwuregwu vidiyo

триколісний велосипед
ogbatumtum

плюшевий мішка
ihe egwuregwu ụmụaka

шафа
wodrobu

одяг
uwe

шкарпетки
sọks

панчохи
sọks

колготки
uwe ime ahu

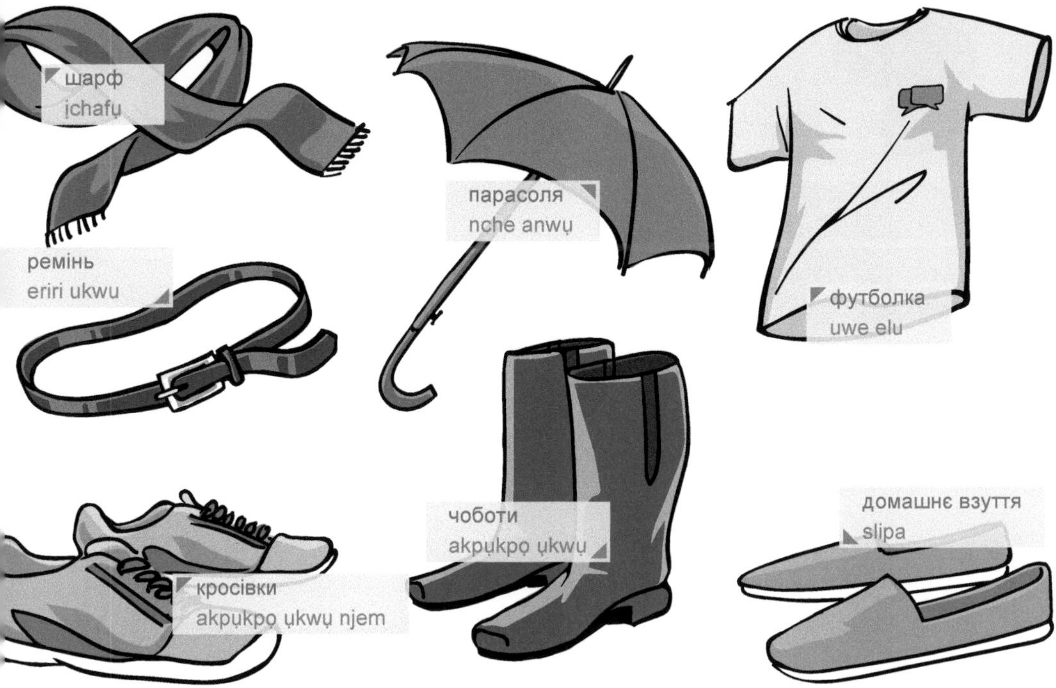

шарф
ichafu

парасоля
nche anwu

футболка
uwe elu

ремінь
eriri ukwu

чоботи
akpukpo ukwu

домашнє взуття
slipa

кросівки
akpukpo ukwu njem

сандалі
akpukpo ukwu

взуття
akpukpo ukwu

гумові чоботи
akpukpo ukwu roba

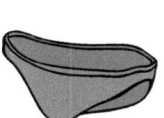

труси
uwe ime ahu

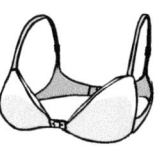

бюстгальтер
efe ara

нижня сорочка
uwe na enweghi aka

одяг - uwe   45

боді
ahụ

штани
traụza

джинси
trauza siri ike

спідниця
sket

блузка
uwe elu nwanyị

сорочка
uwe elu

пуловер
akwa njuoyi eji isi eyi

светр
uwe njuoyi

піджак
jakeeti

куртка
jakeeti

пальто
ochu oyi uwe elu

дощовик
akwa mmiri

костюм
ekike

сукня
uwe ogologo

весільна сукня
uwe agbamakwụkwọ

одяг - uwe

костюм
uwe suutu

нічна сорочка
uwe abali

піжама
pajamas

сарі
uwe umunwanyi Indian

головна хустка
mkpuchi isi

чалма
okpu

бурка
akwa mkpuchi ihu

кафтан
uwe ogologo nwanyi

абая
abaya

купальник
akwa mmiri

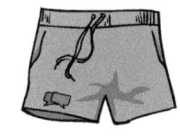
плавки
uwe eji egwu mmiri

шорти
nijka

тренувальний костюм
uwe mmega ahụ

фартух
uwe nchekwa

рукавички
uwe aka

одяг - uwe

гудзик
bọtịnụ

окуляри
ugegbe anya

браслет
mgbaaka

ланцюг
eriri olu

кільце
mgbanaka

сережка
ola nti

шапка
okpu

плічка
ihe nkowe uwe elu

капелюх
okpu

краватка
tai

застібка-блискавка
nzichi

шолом
okpu agha

підтяжки
ihe njide eze

шкільна форма
uwe ụlọ akwụkwọ

уніформа
mbonotu

одяг - uwe

нагрудник

oghọ nri nwa

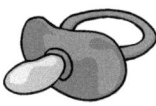

соска

ihe oyiri mmadu eji egosi akwa

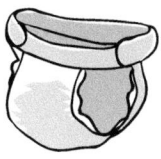

підгузок

akwa nwanye nwa

офіс
ụlọ ọrụ

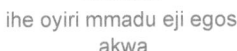

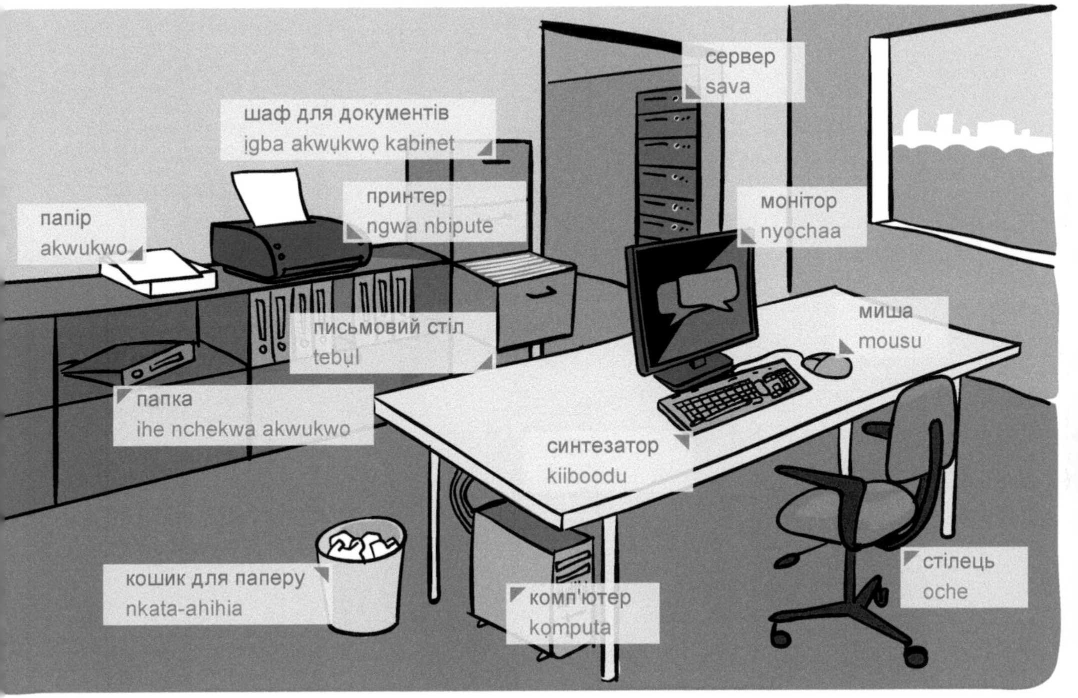

- сервер — sava
- шаф для документів — igba akwụkwọ kabinet
- монітор — nyochaa
- папір — akwukwo
- принтер — ngwa nbipute
- миша — mousu
- письмовий стіл — tebụl
- папка — ihe nchekwa akwukwo
- синтезатор — kiiboodu
- стілець — oche
- кошик для паперу — nkata-ahihia
- комп'ютер — komputa

кавовий кухоль

iko kọfị

калькулятор

igwe mgbakọ

інтернет

ịntaneti

офіс - ụlọ ọrụ 49

ноутбук
laptọọpụ

лист
leta

повідомлення
ozi

мобільний телефон
mkpanaka

мережа
netwọk

копіювальний пристрій
ihe mbiputa

програмне забезпечення
ngwanrọ

телефон
ekwentị

розетка
ebe nkwụnye

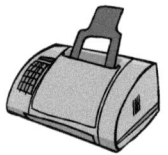
факс
igwe fax

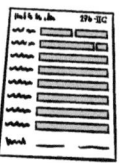
бланк
ụdị

документ
akwụkwọ

офіс - ụlọ ọrụ

економіка

akụnụba

купувати
zụta

платити
kwuo ugwo

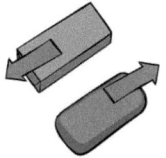
торгувати
ahia

гроші
ego

долар
ego ndi Amerika

євро
ego ndi Eruopu

ієна
ego ndi japanizi

рубль
ego ndi Rusian

франк
Switzerland franc

юанів женьміньбі
renminbi yuan

рупія
ego ndi Indian

банкомат
ebe akwụmụgwọ

обмінний пункт
ebe mgbanwe ego

золото
ọla edo

срібло
ọlaọcha

нафта
mmanụ

енергія
ume

ціна
ọnụahịa

контракт
nkwekọrịta

податок
ụtụ

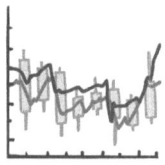

акція
ngwaahịa

працювати
ọrụ

працівник
onye ọrụ

роботодавець
onye were gị n'ọrụ

фабрика
ụlọ ọrụ mmeputa ngwahia

магазин
ụlọ ahịa

економіка - akụnụba

професії
aka ọrụ

поліцейський
onye uwe ojii

пожежник
onye mmenyu oku

лікар
dibia bekee

повар
esi nri

пілот
ọkwọ ụgbọelu

садівник
onye na-elekọta ubi

столяр
ọkwa nkà

швачка
akwa nwanyị

суддя
ọka ikpe

хімік
kemist

актор
onye ome ihe nkiri

професії - aka ọrụ

водій автобуса
ọkwọ ụgbọ ala

таксист
ọkwọ ụgbọ ala

рибалка
onye ọkụ azụ

прибиральниця
nwanyị nhicha

покрівельник
roofer

офіціант
onye na-ebu nri

мисливець
dinta

художник
onye na-ese ihe

пекар
onye osi ite

електрик
onye ndozi ọkụ eletrik

будівельник
onye na-ewu ụlọ

інженер
njinia

забійник
onye na-egbu anụ

бляхар
plọmba

листоноша
onye ozi

професії - aka ọrụ

солдат
onye agha

архітектор
onye na-ese ụkpụrụ ụlọ

касир
onye okwu ugwo

флорист
ore fulawa

перукар
onye na-edozi ntutu isi

кондуктор
kondokto

механік
onye n'arụzi ụgbọala

капітан
onyeisi

дантист
dibia bekee eze

вчений
ọkà mmụta sayensị

рабин
rabaị

імам
imam

монах
mọnk

пастор
ụkọchukwu

професії - aka ọrụ

інструменти
ngwaọrụ

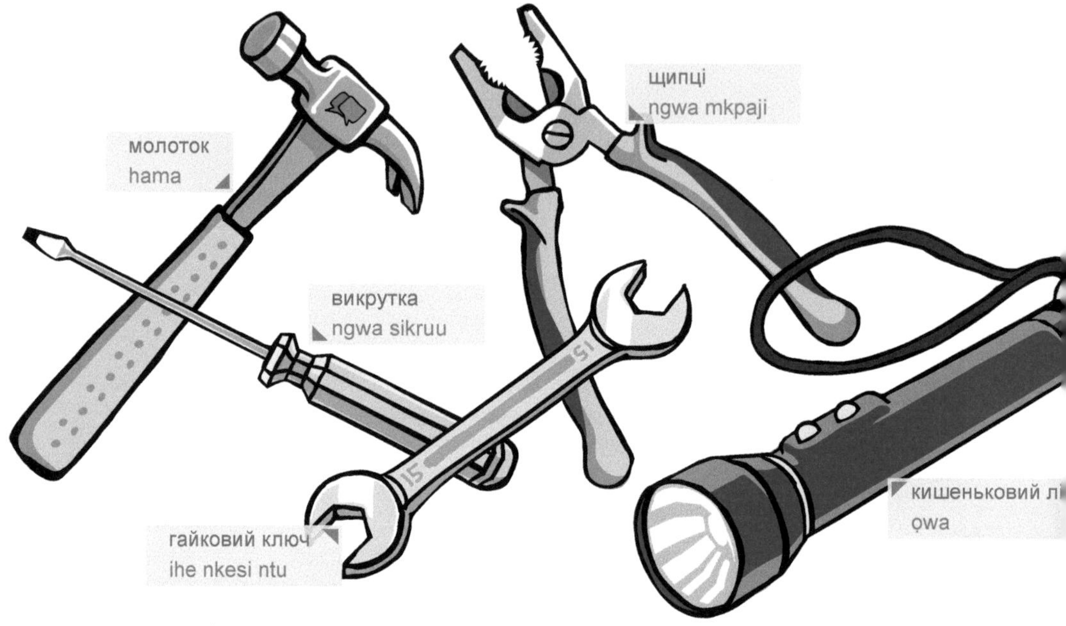

молоток
hama

щипці
ngwa mkpaji

викрутка
ngwa sikruu

гайковий ключ
ihe nkesi ntu

кишеньковий л
ọwa

екскаватор

igwu ala

ящик для інструментів

igbe ngwaọrụ

драбина

ubube

пилка

nkwọ

цвяхи

mbọ

свердло

igwe mkpọrụ

ремонтувати
mezie

лопата
ihe eji egwu ala

лайно!
Ụchụ!

совок
efere ájá

відро з фарбою
ite agba

гвинти
ntu

музичні інструменти
ngwa egwu

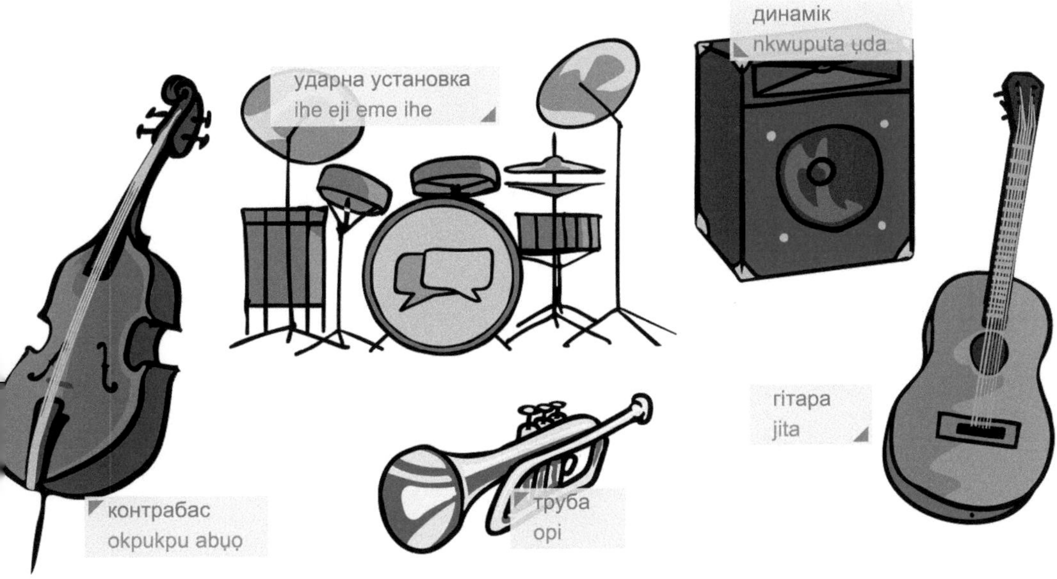

ударна установка
ihe eji eme ihe

динамік
nkwuputa ụda

гітара
jita

контрабас
okrukpu abụọ

труба
opi

фортепіано

kiiboodu

скрипка

violin

бас

bass

литаври

timpani

барабан

ịgbà

клавіатура

kiiboodu

саксофон

sasofone

флейта

ojà

мікрофон

igwe okwu

зоопарк
zuu

вхід
uzo mbata

тигр
agu

клітка
ọnụ

зебра
inyinya ọhịa

корм
nri anụmanụ

панда
panda

тварини
anụmanụ

слон
enyi

кенгуру
kangaruu

носоріг
rhino

горила
ozodimgba

ведмідь
anụ ọhịa

верблюд

kamel

страус

enyí nnụnụ

лев

ọdụm

мавпа

enwe

фламінго

flamingo

папуга

icheku

білий ведмідь

anụ ọhịa

пінгвін

nnunu mmiri

акула

akụm

павич

ekwuru ụlọ

змія

agwo

крокодил

agụ iyi

працівник зоопарку

onye na-elekọta zuu

тюлень

mechie

ягуар

agu

зоопарк - zuu

поні
iṇyịnya

леопард
agụ owuru

гіпопотам
anụ ọhịa

жираф
girraaf

орел
ugo

кабан
ezi ọhịa

риба
azụ

черепаха
mbe

морж
anụ mmiri

лисиця
nkịta ọhịa

газель
mgbada

спорт
egwuregwu

дії
ihe omume

писати	малювати	показувати
dee	see	gosi

тиснути	давати	брати
kwaa	nye	nara

мати

nwee

робити

mee

бути

ịbụ

стояти

guzoro

бігати

gbaa ọsọ

тягнути

dọọ

кидати

tufuo

падати

daa

лежати

ụgha

очікувати

chere

носити

buru

сидіти

nọdụ ala

одягати

yi uwe

спати

hie ụra

просипатися

kulie

дії - ihe omume

дивитися
lee anya

плакати
tie mkpu

гладити
ọrịa strok

розчісувати
mbo

розмовляти
kwuo

розуміти
ighọta

питати
jụọ

слухати
gee ntị

пити
ihe ọnụnụ

їсти
rie

прибирати
dozie

любити
ịhụnanya

варити
isi nri

їхати
kwọọ

літати
ofufe

дії - ihe omume

йти під вітрилом
ụgbọ

рахувати
gbakọọ

читати
gụọ

вчитися
na-amụta

працювати
ọrụ

одружуватися
lụọ

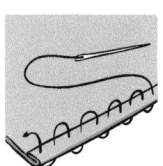
шити
idu

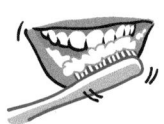
чистити зуби
ahịhịa ezé

убивати
gbue

курити
anwụrụ ọkụ

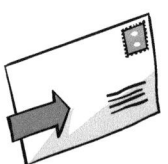
посилати
zipu

сім'я
ezinụlọ

бабуся — nne nne
дідуся — nna nna
батько — nna
мати — nne
немовля — nwa
донька — nwa nwanyị
син — nwa nwoke

гість
ọbịa

тітка
nwanne nne/nna

дядько
nwanne nna/nne

брат
nwanne

сестра
nwanne

сім'я - ezinụlọ

тіло
ahụ

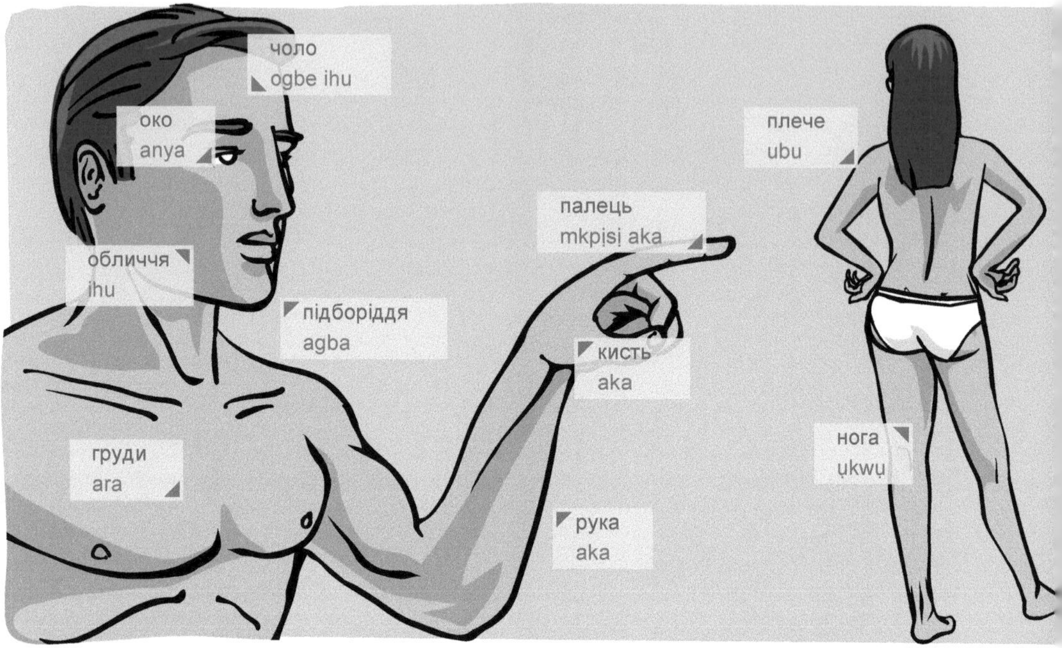

- чоло — ogbe ihu
- око — anya
- обличчя — ihu
- підборіддя — agba
- груди — ara
- палець — mkpịsị aka
- кисть — aka
- рука — aka
- плече — ubu
- нога — ụkwụ

немовля
nwa

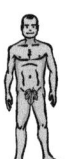

чоловік
nwoke

жінка
nwanyị

дівчина
nwa nwanyị

хлопчик
nwa nwoke

голова
isi

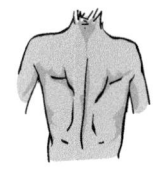

спина
azu

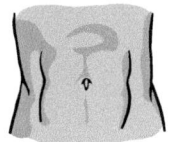

живіт
afọ

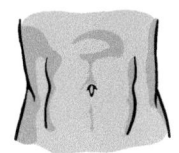

пуп
otubo

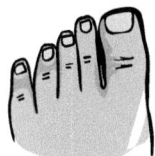

палець ноги
mkpisi ukwu

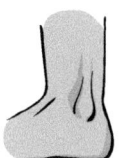

п'ята
ikiri ụkwụ

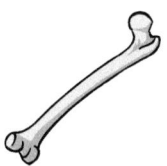

кістка
ọkpụkpụ

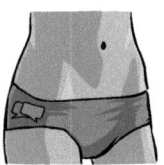

стегно
ukwu

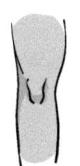

коліно
ikpere

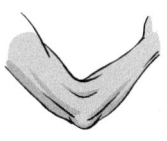

лікоть
ikpere aka

ніс
imi

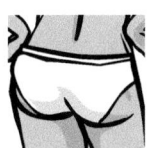

сідниці
ike

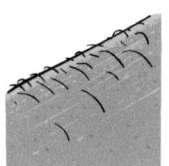

шкіра
akpụ kpọ ahụ

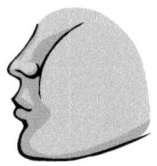

щока
nti

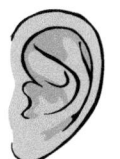

вухо
ntị

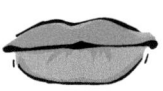

губа
egbugbere ọnụ

тіло - ahụ

рот
ọnụ

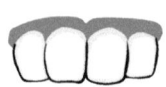

зуб
eze

язик
ire

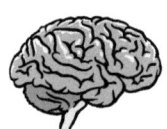

мозок
ụbụrụ

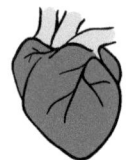

серце
mkpụrụ obi

м'яз
akwara

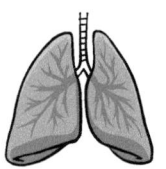

легені
akpa ume

печінка
umeji

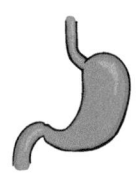

шлунок
afọ

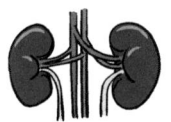

нирки
akụrụ

статевий акт
mmekọahụ

презерватив
kondom

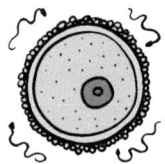

яйцеклітина
akwa nwanyị

сперма
ọbara ọcha

вагітність
afọ ime

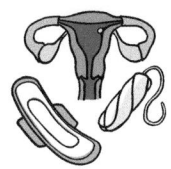

менструація

nsọ nwanyị

вагіна

ọtụ

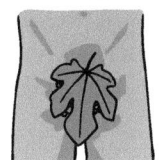

пеніс

amụ

брова

nku anya

волосся

ntutu

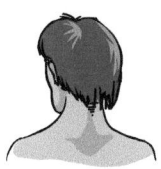

шия

olu

лікарня
ụlọ ọgwụ

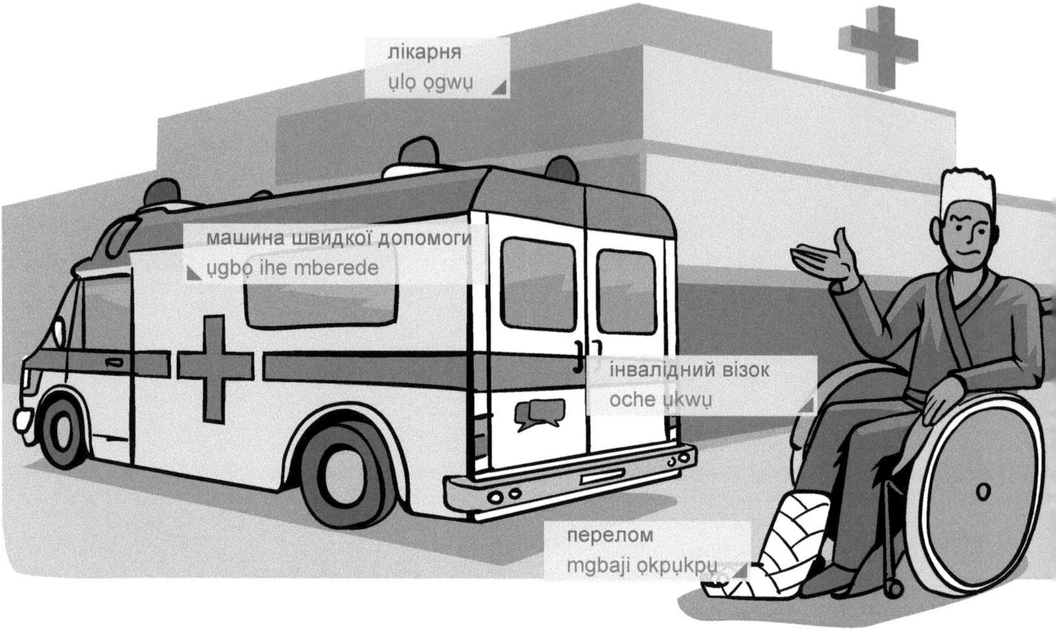

лікарня
ụlọ ọgwụ

машина швидкої допомоги
ụgbọ ihe mberede

інвалідний візок
oche ụkwụ

перелом
mgbaji ọkpụkpụ

лікар

dibia bekee

відділення швидкої
медичної допомоги

ụlọ mberede

медсестра

nọọsụ

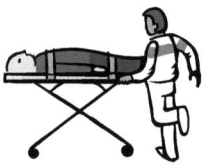

аварійний випадок

mberede

непритомний

amaghị ihe ọ bụla

біль

ụfụ

травма
mmerụ ahụ

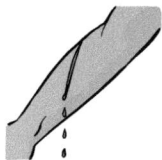

кровотеча
agba ọbara

інфаркт
obi nkolopu

інсульт
ọria strok

алергія
nke ahu anataghi

кашель
ụkwara

лихоманка
ahụ ọkụ

грип
ọria flu

пронос
afọ ọsịsa

головна біль
isi ọwụwa

рак
kansa

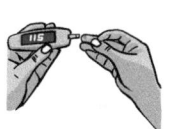

діабет
ọria shuga

хірург
dọkịta na-awa ahu

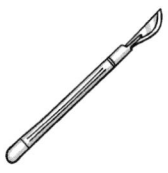

скальпель
mma eji awa ahụ

операція
ịwa ahụ

лікарня - ụlọ ọgwụ

КТ
CT

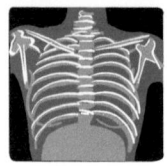

рентген
x-ree

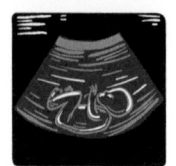

ультразвук
nyocha ime ahu

маска
nkpuchi ihu

хвороба
ọrịa

зал очікування
ebe nchekwa

милиця
mkpara

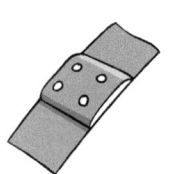

пластир
nnyachi

пов'язка
bandeeji

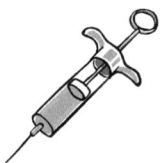

ін'єкція
ọgwụ ọgbụgba

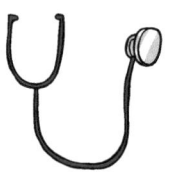

стетоскоп
stetoskop

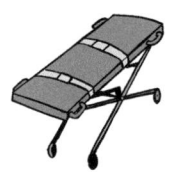

ноші
Igwe eji ibu mmadu

термометр
temometa ụlọgwụ

народження
omumu

надмірна вага
ibufe oke ibu

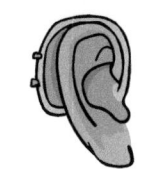

слуховий апарат

enyemaka ịnụ ihe

дезінфікуючий засіб

mmiri ọgwụ nje

інфекція

ọrịa nje

вірус

nje

ВІЛ / СНІД

Ọrịa HIV/AIDS

медицина

ọgwụ

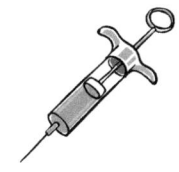

вакцинація

ịgba ọgwụ mgbochi ọrịa

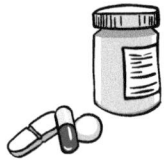

таблетки

mkpụrụ ọgwụ

протизаплідна пігулка

mkpụrụ ọgwụ

екстрений виклик

oku mberede

тонометр

nyochaa ọbara mgbali

хворий / здоровий

na-arịa ọrịa / ahụike

лікарня - ụlọ ọgwụ

аварійний випадок
mberede

Допоможіть!
Nyerem aka!

сигнал тривоги
oti mkpu

напад
wakpo

атака
ogu

небезпека
ihe egwu

аварійний вихід
ụzọ ọpụpụ mberede

Вогонь!
Ọkụ!

вогнегасник
mmenyu ọkụ

аварія
oghom

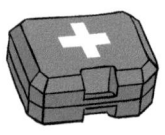

аптечка
akpa enyemaka mbụ

СОС
SOS

поліція
ndị uwe ojii

Земля
Ụwa

Європа
Europe

Північна Америка
North Amerika

Південна Америка
South Amerika

Африка
Africa

Азія
Eshia

Австралія
Ọstrelia

Атлантика
Atlantic

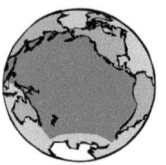

Тихий океан
Pasifik

Індійський океан
Oke Osimiri Indian

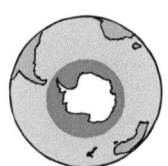

Антарктичний океан
Oke Osimiri Antarctic

Північний Льодовитий океан
Oke Osimiri Arctic

Північний полюс
Ebe Ugwu

Земля - Ụwa

Південний полюс
Ebe Ọdịda anyanwu

Антарктика
Antarctica

Земля
Ụwa

суша
ala

море
oké osimiri

острів
agwaetiti

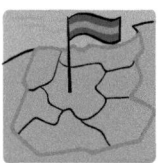

нація
mba

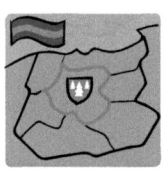

держава
steeti

годинник
elekere

циферблат

ihu elekere

годинникова стрілка

aka awa

хвилинна стрілка

aka nkeji

секундна стрілка

ihe ejigoro

Котра година?

Kedu ihe na-akụ?

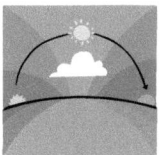

день

ụbọchị

час

oge

зараз

ugbu a

цифровий годинник

elekere dijitalụ

хвилина

nkeji

година

awa

тиждень
izu

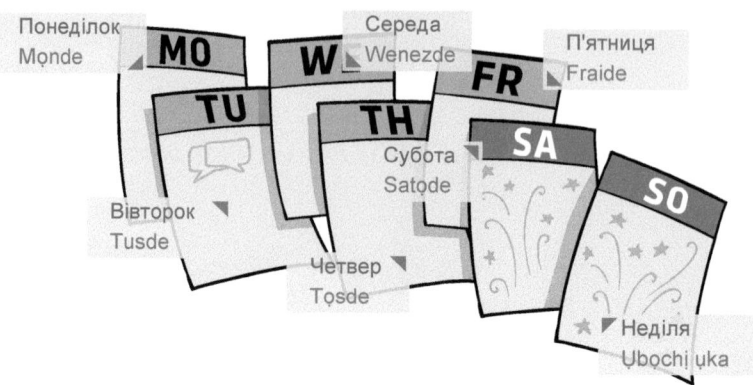

вчора
ụnyaahụ

сьогодні
taa

завтра
echi

ранок
ututu

опівдні
ehihie

вечір
mgbede

робочі дні
ụbọchị azụmahịa

кінець робочого тижня
izu ụka

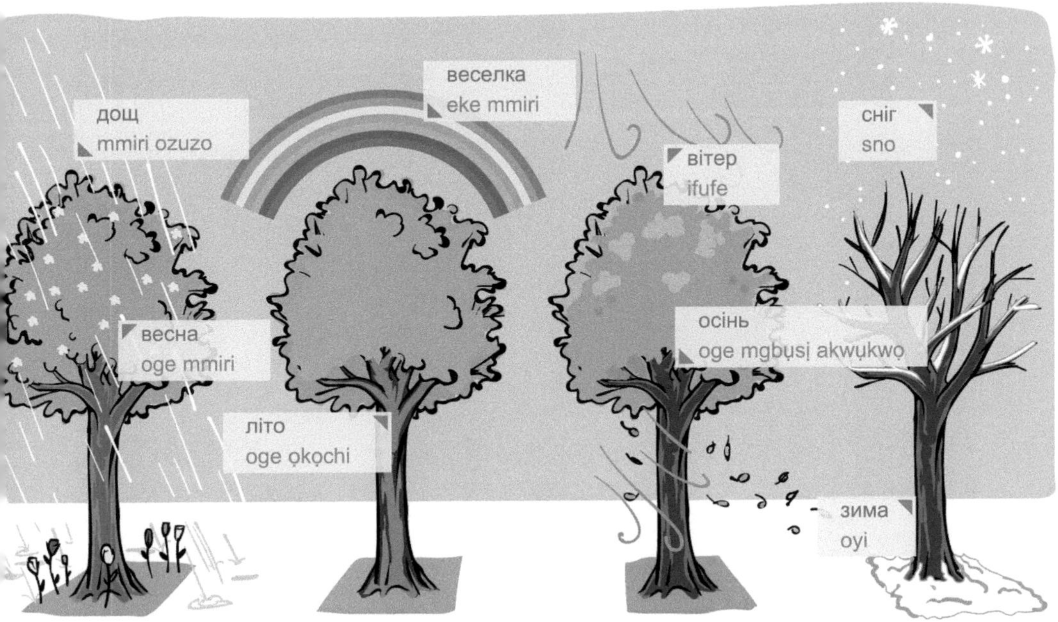

рік
afọ

дощ
mmiri ozuzo

веселка
eke mmiri

вітер
ifufe

сніг
sno

весна
oge mmiri

літо
oge ọkọchi

осінь
oge mgbụsị akwụkwọ

зима
oyi

прогноз погоди

amụma ihu igwe

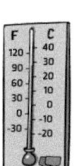

термометр

temometa

сонячне світло

anwụ

хмара

igwe ojii

туман

foogu

вологість повітря

iru mmiri

блискавка
àmụmà

грім
égbè eluigwe

шторм
oké mmiri ozuzo

град
aki mmiri

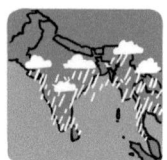

мусон
udu mmiri

повінь
ide mmiri

лід
aiz

Січень
Jenụwarị

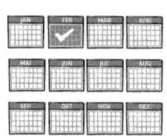

Лютий
Febụwarị

Березень
Machị

Квітень
Eprel

Травень
Mee

Червень
June

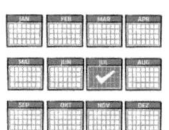

Липень
Julaị

Серпень
Ọgọst

рік - afọ

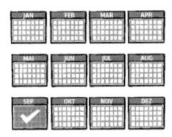
Вересень
Septemba

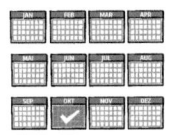
Жовтень
Ọktọba

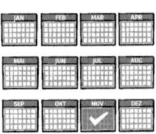
Листопад
Nọvemba

Грудень
Disemba

форми
ụdị

круг
okirikiri

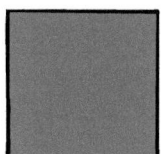
квадрат
akuku anọ

прямокутник
rektangulu

трикутник
akuku atọ

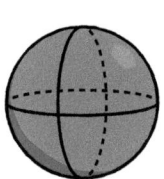
куля
okirikiri

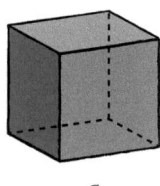
куб
igbe

фарби
na agba

білий
acha ọcha

жовтий
acha edo edo

помаранчевий
acha oroma

рожевий
acha pink

червоний
acha uhie uhie

фіолетовий
acha odo odo

синій
acha anụnụ anụnụ

зелений
acha akwụkwọ ndụ

коричневий
acha aja aja

сірий
acha isi awọ

чорний
eji oji

протилежності
mmegide

багато / мало

otutu / ntakịrị

лютий / мирний

iwe / jụụ

гарний / бридкий

mara mma / jọrọ njọ

початок / кінець

mbido / njedebe

великий / малий

nnukwu / obere

світлий / темний

na-enwu / ọchịchịrị

брат / сестра

nwanne nwoke / nwanne nwanyị

чистий / брудний

dị ọcha / unyi

завершений / незавершений

mezue / ezughi ezu

день / ніч

ụbọchị / abalị

мертвий / живий

nwụrụ anwụ / dị ndụ

широкий / вузький

obosara / warara

їстівний / неїстівний

oriri / erighị

злий / дружній

ọjọọ / obiọma

збуджений / нудьгуючий

obi ụtọ / nkịtị gwụrụ

товстий / тонкий

abụba / mkpa

спочатку / востаннє

mbụ / ikpeazụ

друг / ворог

enyị / iro

повний / порожній

juru eju / efu

жорсткий / м'який

ike / adụ

важкий / легкий

arọ / mfe

голод / спрага

agụụ / akpịrị ịkpọ nkụ

хворий / здоровий

na-arịa ọrịa / ahụike

незаконний / законний

n'uzo na ezighi ezi / iwu

 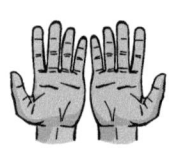 

розумний / дурний

onye nwere ọgụgụ isi / onye nzuzu

вліво / вправо

aka ekpe / aka nri

поруч / далеко

dị nso / tere anya

86   протилежності - mmegide

новий / використаний

ọhụrụ / jiri

нічого / щось

enweghi ihe / enwere ihe

старий / молодий

agadi / nwata

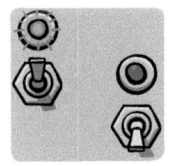

вкл / викл

gbanye / gbanyụọ

відкрито / закрито

mepe / mechie

тихо / гучно

jụụ / dara ụda

багатий / бідний

ọgaranya / ogbenye

правильно / неправильно

ziei ezi / ezighi ezi

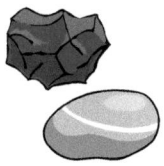

шорсткий / гладкий

siri ike / larịị

сумний / щасливий

mwute / obi ụtọ

короткий / довгий

mkpụmkpụ / ogologo

повільно / швидко

nwayọọ / ngwa ngwa

вологий / сухий

dị mmiri / kpọrọ nkụ

гарячий / холодний

na-ekpo ọkụ / dị jụụ

війна / мир

agha / udo

протилежності - mmegide

числа
nọmba

0 нуль — efu

1 один — otu

2 два — abụọ

3 три — atọ

4 чотири — anọ

5 п'ять — ise

6 шість — isii

7 сім — asaa

8 вісім — asatọ

9 дев'ять — itolu

10 десять — iri

11 одинадцять — iri na otu

12
дванадцять
iri na abụọ

13
тринадцять
iri na atọ

14
чотирнадцять
iri na anọ

15
п'ятнадцять
iri na ise

16
шістнадцять
iri na isii

17
сімнадцять
iri na asaa

18
вісімнадцять
iri na asatọ

19
дев'ятнадцять
iri na itoolu

20
двадцять
iri abụọ

100
сто
narị

1.000
тисяча
puku

1.000.000
мільйон
nde

числа - nọmba

МОВИ
asụsụ

англійська

Bekee

американська англійська

Asụsụ Bekee

китайська високочиновницька

Asụsụ ndị China

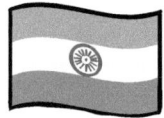

хінді

Asụsụ ndị Hindi

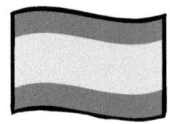

іспанська

Asụsụ ndị Spain

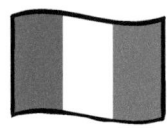

французька

Asụsụ ndị France

арабська

Asụsụ ndị Arab

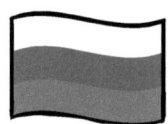

російська

Asụsụ ndị Russia

португальська

Asụsụ ndị Portugal

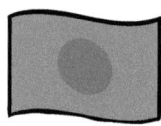

бенгальська

Asụsụ ndị Bengal

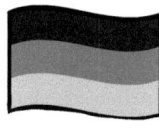

німецька

Asụsụ ndị German

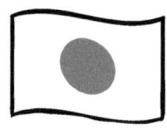

японська

Asụsụ ndị Japan

хто / що / як
onye / ihe / olee

я
M

ти
gị

він / вона / воно
ya / ya / ya

ми
anyị

ви
gị

вони
ha

хто?
onye?

що?
gịnị?

як?
kedu?

де?
ebe?

коли?
mgbe ole?

ім'я
aha

де
ebee

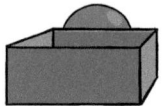

ззаду

n'azụ

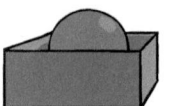

в

n'ime

перед

n'ihu

над

gafee

на

na

під

n'okpuru

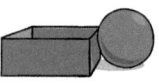

біля

n'akụkụ

між

n'etiti

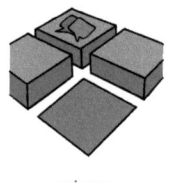

місце

ebe